The Usborne Book of
Everyday Words

nish

ker: Jo Litchfield

eedham and Lisa Miles

: Esther Lecumberri

Photography: Howard Allman

Additional models by: Stefan Barnett

Managing Editor: Felicity Brooks

Managing Designer: Mary Cartwright

Photographic manipulation and design: Michael Wheatley

With thanks to Inscribe Ltd. and Eberhard Faber for providing the Fimo® modelling material

Everyday Words is a stimulating and lively wordfinder for young children. Each page shows familiar scenes from the world around us, providing plenty of opportunity for talking and sharing. Small, labelled pictures throughout the book tell you the words for things in Spanish.

There are a number of hidden objects to find in every big scene. A small picture shows what to look for, and children can look up the Spanish word for the numbers on page 43.

Above all, this bright and busy book will give children hours of enjoyment and a love of reading that will last.

La familia

la hermana   el hermano   la hija   el padre   el hijo   la madre

el gato   la abuela   el abuelo   el perro

el nieto   la nieta

La ciudad

 Busca quince coches

la gasolinera

el supermercado

las tiendas

el hospital

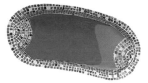

la piscina

el colegio

el aparcamiento

el cine

el puente

La calle

Busca doce pájaros

la panadería

el camarero

el policía

la farmacia

la silleta

la parada de autobús

la carnicería

el perro

el café

el monopatín

el bombero

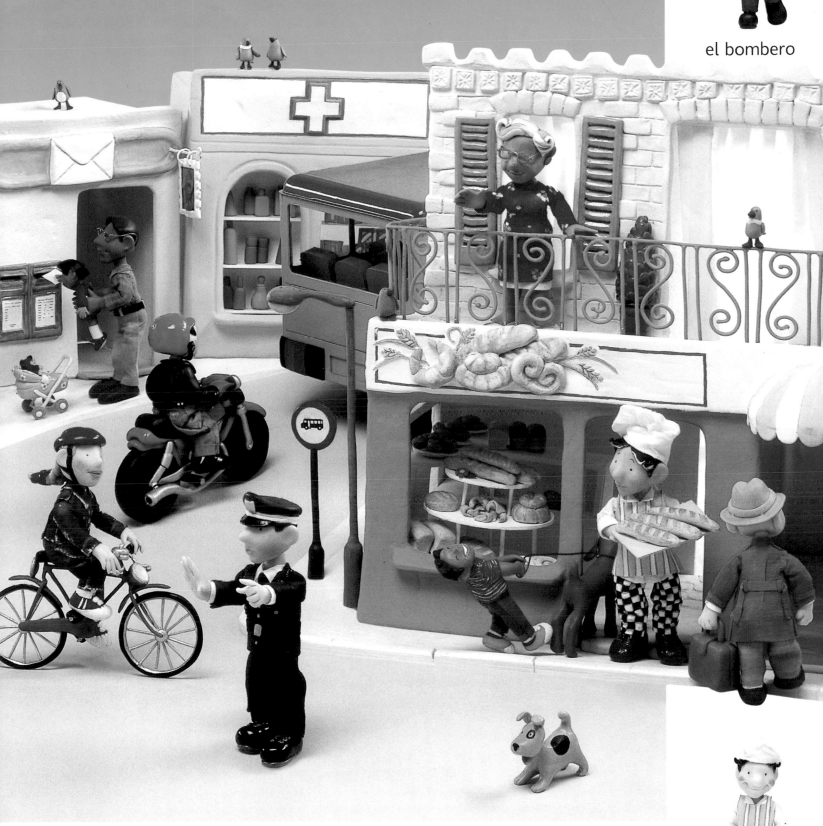

el cochecito de niño

la farola

la oficina de correos

el gato

el panadero

La casa

 Busca ocho tazas

la puerta

la manilla

la moqueta

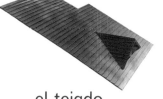
el tejado

el pasamanos

8

el ático

el dormitorio

el estudio

el cuarto de baño

el cuarto de estar

el vestíbulo

la cocina

la chimenea

el interruptor de la luz

la alfombra

la ventana

las escaleras

El jardín

Busca diecisiete gusanos

la oruga

la maceta

la abeja

la azada

el hueso

la babosa

la mariquita

la hoja

el caracol

la hormiga

el rastrillo

la caseta del perro

el árbol

la barbacoa

la mariposa

la carretilla

las semillas

el nido

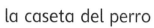
el cortacésped

11

La cocina

 Busca diez tomates

el fregadero

el cuchillo

la lavadora

el tostador de
pan

la silla

el platillo

la mesa

la taza

la sartén

12

el microondas

el tenedor

el colador

la cocina

la cuchara

el recogedor

el lavaplatos

el plato

el cazo

la jarra

el tazón

el frigorífico

13

Los alimentos

la galleta

el pan

la pasta

el arroz

la harina

los cereales

el zumo

la bolsita de té

el café

el azúcar

la leche

la nata

la mantequilla

el huevo

el queso

el yogur

el pollo

la gamba

la salchicha

la panceta

el pescado

el chorizo

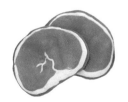
el jamón

la sopa

la pizza

la sal

la pimienta

la mostaza

el tomate ketchup

la miel

la mermelada

las pasas

los cacahuetes

el agua

la piña   la pera   la lima   el limón   el melocotón   el albaricoque

la cereza   el plátano   la fresa   la frambuesa   el mango   el pomelo

la ciruela   el coco   la naranja   la sandía   el melón   las uvas

la manzana   el kiwi   el tomate   el aguacate   la patata   las judías verdes

el calabacín   la col   la cebolla   el champiñón   la zanahoria   la berenjena

el puerro   el brócoli   la coliflor   los guisantes   las espinacas   la remolacha

la lechuga   el apio   el maíz   el pepino   el chile   el pimiento

15

El cuarto de estar

 Busca seis casetes

 el disco compacto

 el monedero

el sillón

 el aspirador

 la cinta de vídeo

 el sofá

 el vídeo

16

el estéreo

el rompecabezas

la televisión

la flauta

la flor

el frutero

la pandereta

la bandeja

el cojín

el piano

los auriculares

17

El estudio

Busca nueve bolígrafos

el escritorio

el ordenador

el teléfono

la revista

la guitarra

la planta

el libro

la pintura de cera

la fotografía

18

El cuarto de baño

 el jabón

 el lavabo

Busca tres barcos

la toalla

el tapón

el váter

la bañera

el papel higiénico

el peine

el champú

la ducha

El dormitorio

 Busca cuatro arañas

 el cocodrilo

 la trompeta

 la cómoda

 el robot

 la cama

 el osito de peluche

 el cohete

 la muñeca

 el tambor

la nave espacial

el elefante

el casete

la serpiente

el despertador

la marioneta

la mesilla

el león

la manta

la jirafa

las cartas

21

En la casa

la pasta de dientes

el cepillo de dientes

el periódico

la carta

la persiana

la cortina

el edredón

la almohada

el álbum de fotos

la tabla de planchar

la plancha

la máquina de coser

el jarrón

el ratón

el orinal

la esponja

el grifo

el cepillo

el espejo

el cubo de la basura

el detergente

la calculadora

los juguetes

la lámpara

El transporte

la ambulancia

el camión de bomberos

el coche de policía

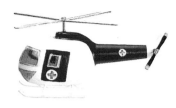

el helicóptero

el camión

el coche

la escavadora

el patinete

el barco

la canoa

la caravana

el avión

el globo aéreo

el tractor

el taxi

la bicicleta

el autobús

la moto

el submarino

el tren

el coche de carreras

la furgoneta

el teleférico

el coche deportivo

La granja

 Busca cinco gatitos

el cerdito

el cerdo

la oca

el toro

la vaca

el ternero

el gallo

el pollito

la gallina

24

 el granero

 el conejo

 la oveja

 el cordero

 el estanque

 el burro

 la cabra

 el granjero

 el pavo

 la valla

 el patito

 el pato

 el cachorro

 el caballo

25

La clase

 Busca veinte pinturas de cera

 el sacapuntas

el caballete

el bolígrafo

el papel

el rotulador

la tiza

el colgador

las tijeras

la pizarra

26

la cuerda

el taburete

el lápiz

la goma

la cinta adhesiva

el pegamento

los cubos

la pintura

el pincel

el profesor

el reloj

el cuaderno

la regla

27

La fiesta

Busca once manzanas

la grabadora

el regalo

el pirata

el vaquero

la médica

las patatas fritas

las palomitas

el globo

la cinta

28

la tarta

el chocolate

el helado

la tarjeta

la bailarina

la sirena

el astronauta

el caramelo

la vela

la paja

la silla alta para niños

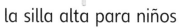

el payaso

29

El camping

Busca dos ositos de peluche

la tienda
de campaña

la cámara de fotos

la radio

la mochila

el pasaporte

la maleta

la linterna

el carrete de fotos

el dinero

el balón de fútbol

el paraguas

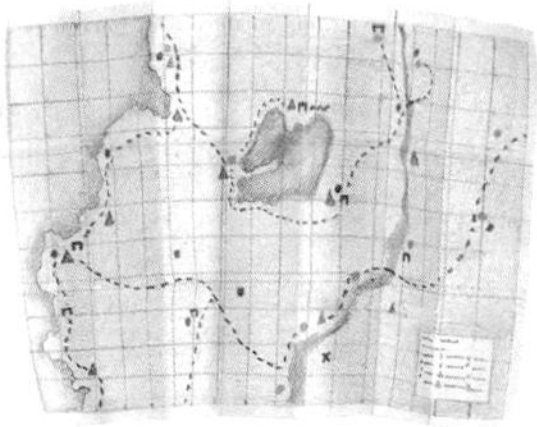

el mapa

los prismáticos

el gatito

el billete

La ropa

la camiseta

los vaqueros

el peto

el vestido

la falda

los leotardos

el pijama

el albornoz

la camiseta

el babero

el jersey

el suéter

la chaqueta

los pantalones

el delantal

la camisa

el abrigo

el chándal

los pantalones cortos   la braga   el traje de baño   el bañador   el bikini

la corbata   el cinturón   los tirantes   la cremallera   el botón

la bufanda   las gafas   las gafas de sol   la chapa   el reloj

el calcetín   el guante   el sombrero   la gorra   el casco

la bota   la zapatilla de deporte   la zapatilla de ballet

la zapatilla   el zapato   la sandalia

El taller

 Busca trece ratones

 la caja de herramientas

la regadera

el clavo

 el martillo

 la navaja

 el destornillador

 la lata

 la araña

34

la sierra

el torno de banco

la llave

el gusano

el cubo

la pala

la cerilla

la caja de cartón

la rueda

la manguera

la cuerda

la polilla

la llave inglesa

el escobón

35

El parque

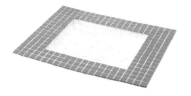

Busca siete balones de fútbol

la piscina para niños

el chico

el pájaro

 el sandwich

 la raqueta de tenis

 la hamburguesa

 la cometa

 el bebé

 el perrito caliente

 las patatas fritas

 la silla de ruedas

la chica

 los columpios

 el subibaja

 la rueda

 el tobogán

37

Partes del cuerpo

la cabeza

la oreja

la lengua

la nariz

la boca

los dientes

el ojo

la espalda

la tripa

el ombligo

el brazo

la pierna

el codo

la rodilla

la mano

el pie

el dedo

el pulgar

el trasero

el pelo largo

el pelo corto

el pelo rizado

el pelo liso

Acciones

dormir

montar en bicicleta

montar a caballo

sonreír

reír

llorar

cantar

andar

correr

saltar

dar patadas al balón

escribir pintar dibujar leer cortar pegar

sentarse estar de pie empujar tirar

comer beber lavarse besar saludar

Las formas

el óvalo

el círculo

la medialuna

el triángulo

el cuadrado

el rectángulo

la estrella

Los colores

rojo

rosa

amarillo

marrón

gris

azul

morado

blanco

verde

negro

naranja

42

Los números

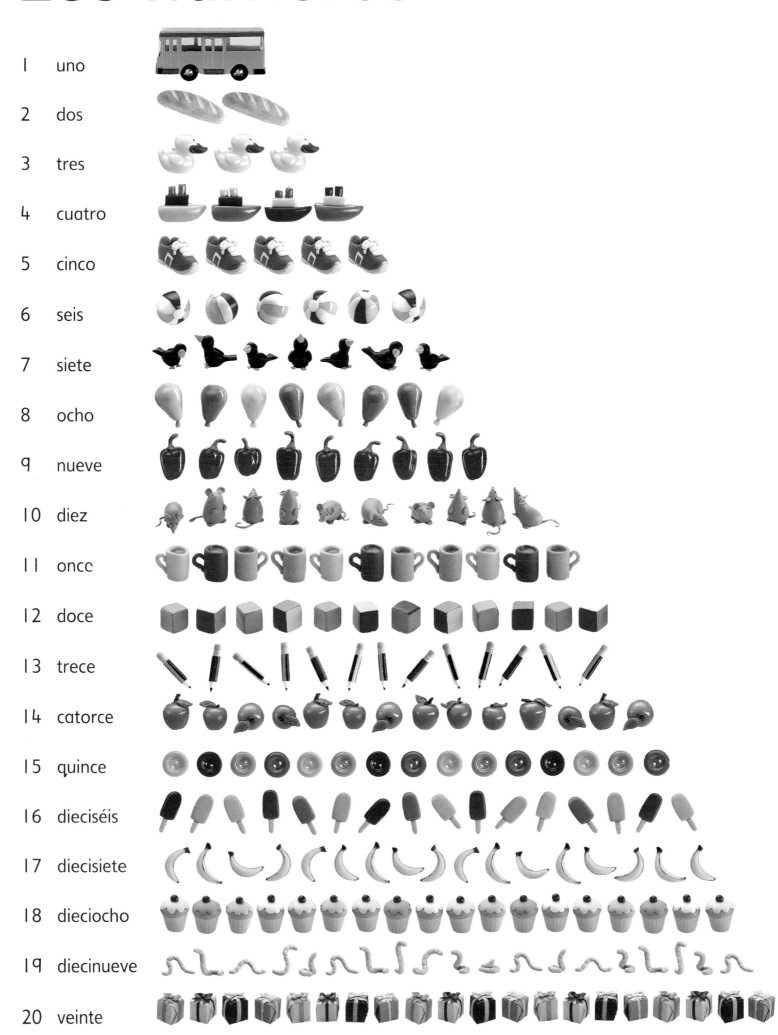

1 uno

2 dos

3 tres

4 cuatro

5 cinco

6 seis

7 siete

8 ocho

9 nueve

10 diez

11 once

12 doce

13 trece

14 catorce

15 quince

16 dieciséis

17 diecisiete

18 dieciocho

19 diecinueve

20 veinte

Word list

In this list, you can find all the Spanish words in this book. They are listed in alphabetical order. Next to each one, you can see its pronunciation guide (how to say it) in letters *like this*, and then its English translation.

Spanish nouns (words for objects) are either masculine or feminine. In the list, each one has **el** or **la**, **los** or **las** in front of it. These all mean "the". **El** and **los** are used in front of masculine nouns and **la** and **las** are used in front of feminine ones. **Los** and **las** are used in front of words that are plural (a noun is plural if there is more than one of something, for example "cats").

About Spanish pronunciation

Read the pronunciation as if it were an English word, but remember the following points about how Spanish words are said:

● Most Spanish words have a part that you stress, or say louder (like the "day" part of the English word "today"). So that you know which part of each word you should stress, it is shown in capital letters.

● The Spanish **r** is made by a flap of the tip of your tongue on the top of your mouth. At the beginning of the word, it is rolled like **rr** (see below).

● The Spanish **rr** is a rolled "rrrrr" sound. It is shown as "rr" in the pronunciations.

● A few Spanish words are said differently depending on what part of the world you are in. When you see "th" in the pronunciations, it is said like "th" in "thin" in most of Spain. But in southern Spain and in South America, it is said like the "s" in "say".

● When you see "g" in a pronunciation, say it like the "g" in garden.

a

la abeja	*la aBEha*	bee
el abrigo	*el aBREEgo*	apron
la abuela	*la aBWEla*	grandmother
el abuelo	*el aBWElo*	grandfather
las acciones	*lass aktheeONess*	actions
el agua	*el Agwa*	water
el aguacate	*el agwaKAtay*	avocado
el albaricoque	*el albareeKOKay*	apricot
el albornoz	*el alborNOTH*	bathrobe
el álbum de fotos	*el Alboom day FOtoss*	photograph album
la alfombra	*la alFOMbra*	carpet
los alimentos	*loss aleeMENtoss*	food
la almohada	*la almo-Ada*	pillow
amarillo	*amaREEL-yo*	yellow
la ambulancia	*la ambooLANthee-a*	ambulance
andar	*anDAR*	to walk
el aparcamiento	*el aparkaMYENto*	car park
el apio	*el Apee-o*	celery
la araña	*la aRANya*	spider
las arañas	*lass aRANyas*	spiders
el árbol	*el ARbol*	tree
el arroz	*el aRROTH*	rice
el aspirador	*el asspeeraDOR*	vacuum cleaner
el astronauta	*el asstronA-OOta*	astronaut
el ático	*el Ateeko*	attic
los auriculares	*loss a-ooreekooLARess*	headphones
el autobús	*el aa-ootoBOOSS*	bus
el avión	*el abee-ON*	plane
la azada	*la aTHAda*	hoe
el azúcar	*el aTHOOkar*	sugar
azul	*aTHOOL*	blue

b

el babero	*el baBAIRo*	bib
la babosa	*la baBOssa*	slug
la bailarina	*la bylaREEna*	dancer (woman)
el balón de fútbol	*el baLON day FOOTbol*	football
los balones de fútbol	*loss baLOness day FOOTbol*	footballs
el bañador	*el banyaDOR*	swimming trunks
la bandeja	*la banDEha*	tray
la bañera	*la banYAIRa*	bath
la barbacoa	*la barba-KO-a*	barbecue
el barco	*el BARko*	boat
los barcos	*loss BARkos*	boats
el bebé	*el beBAY*	baby
beber	*beBER*	to drink
la berenjena	*la berenHENa*	aubergine
besar	*bessAR*	to kiss
la bicicleta	*la beetheeKLEta*	bicycle
el bikini	*el beeKEEnee*	bikini
el billete	*el beel-YETai*	ticket
blanco	*BLANko*	white
la boca	*la BOka*	mouth
el bolígrafo	*el boLEEgrafo*	ink pen
los bolígrafos	*loss boLEEgrafos*	pens
la bolsita de té	*la bolSEEta day TAY*	tea bag
el bombero	*el bomBAIRO*	fireman
la bota	*la BOta*	boot
el botón	*el boTON*	button
la braga	*la BRAga*	pants
el brazo	*el BRAtho*	arm
el brócoli	*el BROKolee*	broccoli
la bufanda	*la booFANda*	scarf
el burro	*el BOOrro*	donkey

c

el caballete	*el kabalYEte*	easel
el caballo	*el kaBALyo*	horse
la cabeza	*la kaBETHa*	head
la cabra	*la KAbra*	goat

Spanish	Pronunciation	English
los cacahuetes	loss kakaWETess	peanuts
el cachorro	el kaCHOrro	puppy
el café	el kaFAY	café/coffee
la caja de cartón	la KA-ha day karTON	cardboard box
la caja de herramientas	la KAha day erramee-ENtass	toolbox
el calabacín	el kalabaTHEEN	courgette
el calcetín	el kaltheTEEN	sock
la calculadora	la kalkoolaDOra	calculator
la calle	la KALyay	street
la cama	la KAma	bed
la cámara de fotos	la KAmara day FOtoss	camera
el camarero	el kamaRAIRo	waiter
el camión	el kamee-ON	lorry
el camión de bomberos	el kamee-ON day bomBAIRoss	fire engine
la camisa	la kaMEESSa	shirt
la camiseta	la kameeSSETa	T-shirt/vest
el camping	el KAMpeeng	campsite
la canoa	la kaNO-a	canoe
cantar	kanTAR	to sing
el caracol	el karaKOL	snail
el caramelo	el karaMElo	sweet
la caravana	la karaVANa	caravan
la carnicería	el karneetheREE-a	butcher's
el carrete de fotos	el kaRRETay day FOtoss	film (camera)
la carretilla	la karreTEELya	wheelbarrow
la carta	la KARta	letter
las cartas	lass KARtas	playing cards
la casa	la KAsa	house
el casco	el KASSko	helmet
la caseta del perro	la ka-SEta del PErro	kennel
el casete	el kaSETay	cassette
los casetes	loss kaSSETess	cassettes
catorce	kaTORthay	fourteen
el cazo	el KAtho	saucepan
la cebolla	la theBOLya	onion
el cepillo	el thePEELyo	brush
el cepillo de dientes	el thePEELyo day dee-FNtess	toothbrush
el cerdito	el thairDLEto	piglet
el cerdo	el THAIRdo	pig
los cereales	los therayAless	cereals
la cereza	la theREtha	cherry
la cerilla	la theREElya	match
el champiñón	el champeenYON	mushroom
el champú	el tshamPOO	shampoo
el chandal	el chanDAL	tracksuit
la chapa	la CHApa	badge
la chaqueta	la chaKEta	cardigan
la chica	la CHEEka	girl
el chico	el CHEEko	boy
el chile	el CHEElee	chilli pepper
la chimenea	la cheemeNAYa	fireplace
el chocolate	el chokoLAtay	chocolate
el chorizo	el choREEtho	salami
cinco	THEENko	five
el cine	el THEEne	cinema
la cinta	la THEENta	ribbon
la cinta adhesiva	la THEENta adesEEba	tape
la cinta de vídeo	la THEENta day BEEdayo	video tape
el cinturón	el theentooRON	belt
el círculo	el THEERkoolo	circle
la ciruela	la theerWEla	plum
la ciudad	la theeooDATH	town
la clase	la KLA-say	classroom
el clavo	el KLA-bo	nail
el coche	el KOchay	car
el coche de carreras	el KOchay day kaRRAIRass	racing car
el coche de policía	el KOchay day poleeTHEE-a	police car
el cochecito de niño	el kocheTHEEto day NEENyo	pram
el coche deportivo	el KOchay deportTEEbo	sports car
los coches	loss KOchess	cars
la cocina	la koTHEEna	kitchen/cooker
el coco	el KOko	coconut
el cocodrilo	el cocoDREElo	crocodile
el codo	el KOdo	elbow
el cohete	el ko-Etay	rocket
el cojín	el koHEEN	cushion
la col	la kol	cabbage
el colador	el kolaDOR	sieve
el colegio	el koLEheeyo	school
el colgador	el kolgaDOR	clothes peg
la coliflor	la koleeFLOR	cauliflower
los colores	loss koLORess	colours
los columpios	loss koLOOMpee-oss	swings
comer	koMER	to eat
la cometa	la koMETa	kite
la cómoda	la KOmoda	chest of drawers
el conejo	el koNEho	rabbit
la corbata	la korBAta	tie
el cordero	el korDAIRc	lamb
correr	koRRAIR	to run
el cortacésped	el kortaTHESSped	lawnmower
cortar	korTAR	to cut
la cortina	la korTEEna	curtain
la cremallera	la kremalYAIRa	zip
el cuaderno	el kwaDAIRno	exercise book
el cuadrado	el kwaDRAdo	square
el cuarto de baño	el KWARto day BANyo	bathroom
el cuarto de estar	el KWARto de essTAR	living room
cuatro	KWAtro	four
el cubo	el KOObo	bucket
el cubo de la basura	el KOObo day baSSOOra	bin
los cubos	loss KOOboss	(toy) bricks
la cuchara	la kooCHArra	spoon
el cuchillo	el kooCHEELyo	knife
la cuerda	la KWAIRda	string/rope
el cuerpo	el KWAIRpo	body

d

Spanish	Pronunciation	English
dar patadas al balón	dar paTAdass al baLON	to kick the ball
el dedo	el DEdo	finger
el delantal	el delanTAL	apron
el despertador	el despertaDOR	alarm clock
el destornillador	el desstorneelyaDOR	screwdriver
el detergente	el detairHENtay	washing-up liquid
dibujar	deebooHAR	to draw
diecinueve	dee-etheeNWEWbay	nineteen
dieciocho	dee-ethee-Ocho	eighteen
dieciséis	dee-etheeSAYSS	sixteen
diecisiete	dee-etheesee-Etay	seventeen
los dientes	los dee-ENtes	teeth
diez	dee-ETH	ten
el dinero	el deeNAIRo	money
el disco compacto	el DEESko komPAKto	CD
doce	DOthay	twelve
dormir	dorMEER	to sleep
el dormitorio	el dormeeTORee-o	bedroom
dos	doss	two
la ducha	la DOOcha	shower

e

Spanish	Pronunciation	English
el edredón	el edreDON	duvet
el elefante	el eleFANtay	elephant
empujar	empooHAR	to push
las escaleras	lass esskaLAIRass	stairs
la escavadora	la esskabaDORa	digger

el escobón	el eskoBON	broom
escribir	esskreeBEER	to write
el escritorio	el esskreeTORreeyo	desk
la espalda	la essPALda	back (part of the body)
el espejo	el essPEho	mirror
las espinacas	lass esspeeNAkass	spinach
la esponja	la essPONha	sponge
el estanque	el essTANkay	pond
estar de pie	essTAR de pee-AY	to stand
el estéreo	el essTAIRayo	stereo
la estrella	la essTRELya	star
el estudio	el essTOOdeeyo	study

f

la falda	la FALda	skirt
la familia	la faMEELya	family
la farmacia	la farMATHeeya	chemist
la farola	la faROla	lamppost
la fiesta	la fee-ESSta	party
la flauta	la FLA-OOta	recorder
la flor	la flor	flower
las formas	lass FORmass	shapes
la fotografía	la fotograFEEya	photograph
la frambuesa	la framBWEssa	raspberry
el fregadero	el fregaDAIRo	sink
la fresa	la FREssa	strawberry
el frigorífico	el freegoREEfeeko	fridge
el frutero	el frooTAIRo	fruit bowl
la furgoneta	la foorgoNETa	van

g

las gafas	lass GAfass	glasses
las gafas de sol	lass GAfass day ssol	sunglasses
la galleta	la galYETa	biscuit
la gallina	la galYEENa	hen
el gallo	el GALyo	cock
la gamba	la GAMba	prawn
la gasolinera	la gassoleeNEra	petrol station
el gatito	el gaTEEto	kitten
los gatitos	loss gaTEEtoss	kittens
el gato	el GAto	cat
el globo	el GLObo	balloon
el globo aéreo	el GLObo a-Erayo	hot-air balloon
la goma	la GOma	rubber
la gorra	la GORRa	cap
la grabadora	la grabaDORa	cassette player
el granero	el graNAIRo	barn
la granja	la GRANha	farm
el granjero	el granHAIRo	farmer
el grifo	el GREEfo	tap
gris	GREESS	grey
el guante	el GWANtay	glove
los guisantes	loss geeSSANtess	peas
la guitarra	la geeTARRa	guitar
el gusano	el gooSSAno	worm
los gusanos	loss goo-SAnoss	worms

h

la hamburguesa	la amboorGESSa	hamburger
la harina	la aREEna	flour
el helado	el eLAdo	ice cream
el helicóptero	el eleeKOPtairo	helicopter
la hermana	la airMANa	sister
el hermano	el airMANo	brother
la hija	la EEha	daughter
el hijo	el EEho	son
la hoja	la Oha	leaf
la hormiga	la orMEEga	ant
el hospital	el osspeeTAL	hospital

el hueso	el WEsso	bone
el huevo	el WEbo	egg

i

el interruptor de la luz	el eenterroopTOR day la LOOTH	light switch

j

el jabón	el haBON	soap
el jamón	el haMON	ham
el jardín	el harDEEN	garden
la jarra	la HArra	jug
el jarrón	el haRRON	vase
el jersey	el hairSSAY	jumper
la jirafa	la heeRAfa	giraffe
las judías verdes	lass hooDEE-ass VAIRdess	green beans
los juguetes	loss hooGETess	toys

k

el kiwi	el KEEwee	kiwi

l

la lámpara	la LAMpara	lamp
el lápiz	el LApeeth	pencil
la lata	la LAta	can
el lavabo	el LAbabo	washbasin
la lavadora	la labaDORa	washing machine
el lavaplatos	el labaPLAtoss	dishwasher
lavarse	laBARssay	to wash yourself
la leche	la LEchay	milk
la lechuga	la leCHOOga	lettuce
leer	layAIR	to read
la lengua	la LENgwa	tongue
el león	el layON	lion
los leotardos	loss layoTARdoss	tights
el libro	el LEEbro	book
la lima	la LEEma	lime
el limón	el leeMON	lemon
la linterna	la leenTAIRna	torch
la llave	la LYAbay	key
la llave inglesa	la LYAbay eenGLESSa	spanner
llorar	lyoRAR	to cry

m

la maceta	la maTHEta	flowerpot
la madre	la MAdray	mother
el maíz	el ma-EETH	sweetcorn
la maleta	la maLETa	suitcase
el mango	el MANgo	mango
la manguera	la manGAIRa	hose
la manilla	la maNEELya	door handle
la mano	la MAno	hand
la manta	la MANta	blanket
la mantequilla	la manteKEELya	butter
la manzana	la manTHAna	apple
las manzanas	lass manTHAnass	apples
el mapa	el MApa	map
la máquina de coser	la MAkeena day kosSAIR	sewing machine
la marioneta	la maree-oNETa	puppet
la mariposa	la mareePOSSa	butterfly
la mariquita	la mareeKEEta	ladybird
marrón	maRRON	brown
el martillo	el marTEELyo	hammer
la medialuna	la MEdee-a-LOOna	crescent
la médica	la MEdeeka	doctor (woman)
el melocotón	el melokoTON	peach
el melón	el meLON	melon
la mermelada	la mairmeLAda	jam
la mesa	la MEsa	table
la mesilla	la meSSEELya	bedside table
el microondas	la meekro-ONdass	microwave
la miel	la mee-EL	honey
la mochila	la moCHEELa	backpack

el monedero	el moneDAIRo	purse
el monopatín	el monopaTEEN	skateboard
montar en bicicleta	monTAR en beetheeKLETa	to cycle
montar a caballo	monTAR a kaBALyo	to horse ride
la moqueta	la moKEta	carpet
morado	moRAdo	purple
la mostaza	la mossTAtha	mustard
la moto	la MOto	motorbike
la muñeca	la moonYAYka	doll

n

naranja	naRANha	orange (colour)
la naranja	la naRANha	orange (fruit)
la nariz	la naREETH	nose
la nata	la NAta	cream
la navaja	la naBAha	penknife
la nave espacial	la NAbay espathee-AL	spaceship
negro	NEgro	black
el nido	el NEEdo	nest
la nieta	la nee-ETa	granddaughter
el nieto	el nee-ETo	grandson
nueve	NWEbay	nine
los números	loss NOOmaiross	numbers

o

la oca	la Oka	goose
ocho	Ocho	eight
la oficina de correos	la offee-THEEna day koRRREoss	post office
el ojo	el Ocho	eye
el ombligo	el omBLEEgo	tummy button
once	ONthay	eleven
el ordenador	el ordenaDOR	computer
la oreja	la oREha	ear
el orinal	el oreeNAL	potty
la oruga	la oROOga	caterpillar
el osito de peluche	el osSEEto day peLOOchay	teddy bear
los ositos de peluche	loss osSEEtoss day peLOOchay	teddy bears
el óvalo	el Obalo	oval
la oveja	la oBEha	sheep

p

el padre	el PAdray	father
la paja	la PAya	(drinking) straw
el pájaro	el PAharo	bird
los pájaros	loss PAhaross	birds
la pala	la PAla	spade
las palomitas	lass paloMEEtass	popcorn
el pan	el PAN	bread
la panadería	la panadeREEya	baker's
el panadero	el panaDAIRo	baker (man)
la panceta	la panTHEta	bacon
la pandereta	la pandeRETa	tambourine
los pantalones	loss pantaLOness	trousers
los pantalones cortos	loss pantaLOness KORtoss	shorts
el papel	el paPEL	paper
el papel higiénico	el paPEL eehee-ENeeko	toilet paper
la parada de autobús	la paRAda de aootoBOOss	bus stop
el paraguas	el paRAgwass	umbrella
el parque	el PARkay	park
el pasamanos	el passa-MAnoss	bannister
el pasaporte	el passaPORte	passport
las pasas	lass PASSass	raisins
la pasta	la PASSta	pasta
la pasta de dientes	la PASSta day dee-ENtess	toothpaste
la patata	la paTAta	potato
las patatas fritas	lass paTAtass FREEtass	chips/crisps
el patinete	el pateeNETay	scooter

el patito	el paTEEto	duckling
el pato	el PAto	duck
el pavo	el PAbo	turkey
el payaso	el paYAsso	clown
el pegamento	el pegaMENto	glue
pegar	peGAR	to stick
el peine	el PAYnay	comb
el pelo	el PElo	hair
el pelo corto	el PElo KORto	short hair
el pelo largo	el PElo LARgo	long hair
el pelo liso	el PElo LEE-so	straight hair
el pelo rizado	el PElo ree-THAdo	curly hair
el pepino	el pePEEno	cucumber
la pera	la PEra	pear
el periódico	el peree-Odeeko	newspaper
el perrito caliente	el peRREEto kaleeYENtay	hotdog
el perro	el PErro	dog
la persiana	la pairsee-Ana	blind
el pescado	el pesKAdo	fish
el peto	el PEto	dungarees
el piano	el pee-Ano	piano
el pie	el pee-AY	foot
la pierna	la pee-AIRna	leg
el pijama	el pee-HAma	pyjamas
la pimienta	la peemee-YENta	(black) pepper
el pimiento	el peemeeYENto	pepper
la piña	la PEEnya	pineapple
el pincel	el peenTHEL	paintbrush
pintar	peenTAR	to paint
la pintura	la peenTORa	paint
la pintura de cera	la peenTORa day THAIRa	crayon
las pinturas de cera	lass peenTORass day THAIRa	crayons
el pirata	el peeRATa	pirate
la piscina	la peessTHEEna	swimming pool
la piscina para niños	la peessTHEEna para NEEnyoss	paddling pool
la pizarra	la peeTHArra	chalkboard
la pizza	la PEETza	pizza
la plancha	la PLANcha	iron
la planta	la PLANta	plant
el plátano	el PLAtano	banana
el platillo	el plaTEELyo	saucer
el plato	el PLAto	plate
el policía	el poleeTHEE-a	policeman
la polilla	la poLEELya	moth
el pollito	el poLYEEto	chick
el pollo	el POlyo	chicken
el pomelo	el poMELo	grapefruit
los prismáticos	loss preessMATeekoss	binoculars
el profesor	el profeSSOR	teacher (male)
el puente	el PWENtay	bridge
el puerro	el PWErro	leek
la puerta	la PWAIRta	door
el pulgar	el poolGAR	thumb

q

el queso	el KEsso	cheese
quince	KEENthay	fifteen

r

la radio	la RAdee-o	radio
la raqueta de tenis	la raKEta day TEneess	tennis racket
el rastrillo	el rasTREELyo	rake
el ratón	el raTON	computer mouse/mouse
los ratones	loss raTONess	mice
el recogedor	el rekoheDOR	dustpan
el rectángulo	el recTANgoolo	rectangle

la regadera	la regaDAIRa	watering can
el regalo	el reGAlo	present (gift)
la regla	la REgla	ruler
reír	rayEER	to laugh
el reloj	el reLOH	clock/watch
la remolacha	la remoLAcha	beetroot
la revista	la reBEESSta	magazine
el robot	el roBOT	robot
la rodilla	la roDEELya	knee
rojo	ROho	red
el rompecabezas	el rompaykaBEthass	jigsaw puzzle
la ropa	la ROpa	clothes
rosa	ROssa	pink
el rotulador	el rotoolaDOR	felt-tip pen
la rueda	la RWEda	wheel/roundabout

s

el sacapuntas	el sakaPOONtass	pencil sharpener
la sal	la SAL	salt
la salchicha	la salCHEEcha	sausage
saltar	salTAR	to jump
saludar	salooDAR	to wave
la sandalia	la sanDALeeya	sandal
la sandía	la sanDEEya	watermelon
el sandwich	el SANDveech	sandwich
la sartén	la sarTEN	frying pan
seis	SAYSS	six
las semillas	lass seMEELyas	seeds
sentarse	senTARsse	to sit down
la serpiente	la sairpee-ENtay	snake
la sierra	la see-Erra	saw
siete	see-Etay	seven
la silla	la SEELya	chair
la silla alta	la SEELya ALta	highchair
para niños	para NEEnyoss	
la silla de ruedas	la SEELya day RWEdass	wheelchair
la silleta	la seelYEta	pushchair
el sillón	el seelYON	armchair
la sirena	la seeRENa	mermaid
el sofá	el soFA	sofa
el sombrero	el somBRAIRo	hat
sonreír	sonrayEER	to smile
la sopa	la SOpa	soup
el subibaja	el soobeeBAha	seesaw
el submarino	el soobmaREEno	submarine
el suéter	el SWEtair	sweatshirt
el supermercado	el soopermerKAdo	supermarket

t

la tabla de planchar	la TAbla day planCHAR	ironing board
el taburete	el tabooRETay	stool
el taller	el talYAIR	workshop
el tambor	el tamBOR	drum
el tapón	el taPON	plug
la tarjeta	la tarHETa	card
la tarta	la TARta	cake
el taxi	el TAKsee	taxi
la taza	la TAtha	cup
las tazas	lass TAthass	cups
el tazón	el taTHON	bowl/cup
el tejado	el teHAdo	roof

el teleférico	el teleFEreeko	cable car
el teléfono	el teLEFono	telephone
la televisión	la telebeessee-ON	television
el tenedor	el teneDOR	fork
el ternero	el tairNAIRo	calf
la tienda	la tee-ENda	tent
de campaña	day kamPANya	
las tiendas	lass tee-ENdass	shops
las tijeras	lass teeHAIRass	scissors
los tirantes	loss teeRANtess	braces
tirar	teeRAR	to pull
la tiza	la TEEtha	chalk
la toalla	la toALya	towel
el tobogán	el toboGAN	slide
el tomate	el toMAtay	tomato
el tomate ketchup	el toMATay ketCHOO	tomato ketchup
los tomates	loss toMAtess	tomatoes
el torno de banco	el TORno day BANko	vice
el toro	el TOro	bull
el tostador de pan	el tostaDOR day PAN	toaster
el tractor	el trakTOR	tractor
el traje de baño	el TRAhay day BANyo	swimsuit
el transporte	el tranSPORtay	transport
el trasero	el traSAIRo	bottom (part of the body)
trece	TREthay	thirteen
el tren	el TREN	train
tres	TRESS	three
el triángulo	el tree-ANgoolo	triangle
la tripa	la TREEpa	tummy
la trompeta	la tromPEta	trumpet

u

uno	OOno	one
las uvas	las OObas	grapes

v

la vaca	la BAka	cow
la valla	la BAlya	gate (on a fence)
el vaquero	el baKAIRo	cowboy
los vaqueros	loss baKAIRoss	jeans
el váter	el BAtair	toilet
veinte	BAYntay	twenty
la vela	la BEla	candle
la ventana	la benTAna	window
verde	BAIRday	green
el vestíbulo	el beSTEEboolo	hall
el vestido	el besSTEEdo	dress
el vídeo	el BEEday-o	video recorder

y

el yogur	el yoGOOR	yoghurt

z

la zanahoria	la thana-ORee-a	carrot
la zapatilla	la thapaTEELya	slipper
la zapatilla	la thapaTEELya	ballet shoe
de ballet	day baLET	
la zapatilla	la thapaTEELya	trainers
de deporte	day dePORtay	
el zapato	el thaPAto	shoe
el zumo	el THOOmo	juice

Additional models: Les Pickstock, Barry Jones, Stef Lumley and Karen Krige. With thanks to Vicki Groombridge, Nicole Irving and the Model Shop, 151 City Road, London.

First published in 2001 by Usborne Publishing Ltd, Usborne House, 83-85 S... ... London EC1N ... England. vw.usborne.com Ltd.

The name ...Usborne and ... ...Marks of Usborne Publishing ... ...blication may be reproduc... ... ...tted in any form or by any ... ...ing, recording or oth... ... ... publisher.